Renier-Fréduman Mundil

Sternlinge Abendlieder
für die Abende und Nächte
im August, Oktober und Dezember
Band 2

AF272175

Renier-Fréduman Mundil

STERNlinge Abendlieder
für die Abende und Nächte
im August, Oktober und Dezember

Band 2

Impressum

Bibliografische Information der Deutschen National-
bibliothek:
Die Deutsche Nationalbibliothek verzeichnet diese
Publikation in der Deutschen Nationalbibliografie;
detaillierte bibliografische Daten sind im Internet über
http://dnb.dnb.de abrufbar.

© 2025 Renier-Fréduman Mundil
        Viola Hartmann
Covergestaltung Dan Winkler

Verlag: BoD · Books on Demand GmbH,
Überseering 33, 22297 Hamburg, bod@bod.de
Druck: Libri Plureos GmbH, Friedensallee 273,
22763 Hamburg

ISBN: 978-3-7693-1001-6

Für meinen Bruder Roland

Ein(e) komplizierte,
da teilweise mathematische **Leitung**.

Im Leben sind manche Dinge auf der Strecke (vielleicht auf der Strecke der mathematisch basierten Technik wie Handy, Laptop, Fernsehen…) geblieben, die jedoch für alle beteiligten Seiten – egal, ob aktiv oder passiv beteiligt – sehr positive Auswirkungen hatten.

Ich denke an gemeinsames Singen in der Familie, Vorlesen von Geschichten (besonders zur Schlafenszeit), das Auswendiglernen – womit wir auch zwangsläufig bei Gedichten landen.

Auswendiglernen und Gedichte, das kann auch mächtig in die Hose gehen, wie ich in einer Parodie-Sendung im Fernsehen beobachtete: Es wurden Politiker nach bekannten deutschsprachigen Gedichten befragt, die sie auch zu rezitieren selbstbewusst bereit waren und dann kläglich nach den ersten Worten scheiterten.

Die vorgenannten Aspekte trugen mit dazu bei, diese Gedichte zusammenzustellen. Vorlesen vor dem Schlafengehen, Singen (Gedichte sind unvertonte Musik). Legen wir uns schlafen, begeben wir uns in eine fremde Welt – die Welt der Träume – die Welt der Fantasie – die Welt der Vergangenheit – die Welt der Zukunft. Diese

Gedichte sind eine kleine Eintrittspforte in diese Welt.

Vivaldi ist einmal vorgeworfen worden, nicht 100 Violinkonzerte, sondern ein Violinkonzert hundertmal geschrieben zu haben. Aber damit befindet er sich in guter Gesellschaft. Die Natur bringt im Herbst jedes Mal dieselben bunten Farben, der Frühling bringt jedes Jahr dieselben bunten Blüten. Alles wiederholt sich, ist sich ähnlich, unterscheidet sich manchmal nur in winzigen Details. Wie auch die Schneeflocken, keine gleicht hundertprozentig einer anderen, der Unterschied jedoch mit dem bloßen Auge nicht zu erkennen.

Auch viele der unendlich entfernten Sterne sehen aus unserer Perspektive identisch aus. Viele Türen sehen gleich aus, warum nicht auch die Türen ins Schlafland.

Das führte zum Titel des Buches:

„Sternlinge Abendlieder".

Es gibt Zwillinge, Drillinge, Vierlinge etc., oftmals äußerlich gleich, aber bei genauem Hinsehen sehr verschieden. So wurden aus den Zwillingen die Sternlinge; und weil Gedichte unvertonte Musik gleichwie die musikalischen Lieder ohne Worte Gedichte ohne Sprache sind, entsprangen aus den Abendgedichten die Abendlieder, „Die Sternlinge Abendlieder". Mit dem bloßen Auge gleich, auch mit dem Ohr oftmals gleich, unter dem mikroskopischen Auge oder dem mikroskopischen Ohr jedoch sehr unterschiedlich.

Mathematische Abschlussbemerkung:

Wir haben vier Kinder, es gibt vier Jahreszeiten, wir kennen vier Grundrechenarten usw., deshalb enthält die vorliegende Reihe vier Bände. Jeder Band aber gedacht für einen Monat. Es gibt sieben Monate mit 31 Tagen, vier Monate mit 30 Tagen und einen Monat mit 29 (28) Tagen. Und da Augen und Ohren auch mal Pause benötigen bzw. abends unbelastet ins Traumland reisen sollten, gibt es in jeder Woche einen Tag Pause.

31 Tage minus 4 Tage Pause ergibt 27 Tage, und da es zu viele Monate mit 31 (27) Tagen gibt, sind zwei der vier Bände für die sieben Monate mit 31 Tagen (Januar, März, Mai und Juli als Viererergebnis beim Abzählen der Knöchel an der ersten Hand und August, Oktober und Dezember als Dreierergebnis beim Abzählen an den Knöcheln der anderen Hand).

Der dritte Band ist für die vier Monate mit 30 (26) Tage und der vierte Band für den letzten Monat mit 29 (25) Tagen.

Kompliziert? Vielleicht. Oder lesen Sie einfach jeden Abend im Monat ein Gedicht und machen jede Woche einmal Pause (schließlich wurde auch die Erde mit einem Pausentag erschaffen).

Mathematische Abschlusserklärung (Beweis?): Diese Annahme erklärt die Zahl der Gedichte. Da die Mathematik jedoch nicht nur aus Zahlen, sondern sie verknüpfende Zeichen (+/Plus, -/Minus, :/geteilt und x/mal) besteht, haben sich zwischen den Zeilen Aphorismen als Verbindungsglieder gemengt. Eine vermengte Mathematik, Pardon, die Lehre von der Menge, also die Mengenlehre der Mathematik, Pardon einfach der Versuch, eine Seite der Poesie mathematisch zu beschreiben oder zu erklären.

Schlafen Sie gut (aber erst nach dem Lesen bzw. Singen).

Gute Nacht. Gute dichte Nacht. Gute (G)Nacht. Gute (G)dichtete Nacht.

Ihre Sternlinge Abendlieder,

Ihre mathematischen Verbindungsglieder,

Ihre wöchentlichen Pausen!

I

Erste Woche

1.
Beroster Schlaf

Schlaf mein kleines Röslein,
Schlaf, mein kleiner Stern.
Schlaf im gold'nen Mondschein,
Ruh vom Weltenlärm.

Träum mein kleines Büblein,
Träum vom Wolkenglanz.
Träum vom hellen Sonnschein,
Dass er mit dir tanzt.

Sing, mein kleines Büblein,
Sing als Nachtigall.
Sing, dass das Alleinsein
Vergeht überall.

Schlaf, mein kleines Röslein,
Schlaf du Zuckerfee.
Schlaf im hellen Mondschein
Auf dem gold'nen See.

*Wo beginnt
Der Sturm – der Wind?
Und in welchen Händen
Enden
Sie
Nie?*

2.
Zu Stein erstarrte Nacht.

Du wundersamer Knabe,
Der Mond mit Sterngehabe
Wandelt die Nacht zu Stein.
Aus Bäumen werden Seelen,
Die uns die Herzen nehmen,
Die Sorgen werden endlos wein'n.

Du wunderstiller Knabe,
Die Nacht ein schwarzer Rabe,
Der in die Leere starrt.
Auf traumbehang'nen Weiden
Siehst du Nachtfische steigen,
Von Sternen und vom Mond genarrt.

Du wundersamer Knabe,
Des Tages schwere Plage
Versinkt im schwarzen Meer.
Hörst du die Herzen schweigen,
Siehst du alles Verscheiden,
Wie alles von der Zeit entleert?

Jeder Kugelschreiber
Ist ein undigitalisierter Papiertreiber.

3.
Sonndurchtanzte Nacht

Nun schlaf mein Knab und träume,
Die gold'nen Himmelssäume
Umhüllen deinen Weg.
Der Mond schaut in dein Zimmer
Mit einem samt'nen Schimmer,
So lang die dunkle Nacht sich regt.

Musst nicht mehr länger weinen,
Bald wird die Sonne scheinen,
Schickt dir der Vöglein Lied.
Wenn du bald aufgestanden,
Wird sie dann mit dir tanzen,
Solange, bis der Tag vergeht.

Ein Nilpferd
Verkehrt
Nirgendwo
Im Cabrio.

4.
Schlafeisenbahn

Schlaf nun, Knabe, träume
Von der Eisenbahn.
Durch die stillen Räume
Kommt sie blau gefahr'n.

In dem Kohlenwagen
Steht die kleine Fee.
Kommt weither gefahren
Von dem gold'nen See.

An dem Pufferende
Steht der Sandmann stumm.
Wartet auf die Wende,
Da die Zeit schlägt um.

Schlaf, mein Knabe, schlafe!
Hörst die Eisenbahn?
Auf der Sternenstraße
Wird sie zu dir fahr'n.

Wer beim Schauen
Seinen Augen
Vertraut,
Baut
Das Sein
Auf den äußeren Schein.

5.
Schlafendes Wissen

Nun Schlaf, mein kleiner Knabe,
Von allem, was ich habe,
Das Beste ist für dich.
Mein Herz und viele Stunden,
Geheimnisse erkunden,
Warum das Licht unendlich ist.

Nun Schlaf, mein kleiner Knabe,
Siehst du die Mondscheinfarbe,
Der Sonne nur entlieh'n.
Siehst du die hellen Sterne?
Lass uns in ihre Ferne
Und in die Phantasie entflieh'n.

Nun Schlaf, mein kleiner Knabe,
Was war zuerst, die Made
Oder der Schmetterling?
Wir können es studieren,
Doch wird uns nichts passieren,
Wenn uns die Antwort nicht gelingt.

Wir sparen,
Um in den Urlaub zu fahren.
Sollten wir es der Natur ersparen,
In den Urlaub zu fahren?

6.
Der suchende Schlaf

Guten Abend, gute Nacht,
Am Himmel ruht der Mond.
Die Sterne hat er gebracht,
Dass er nicht einsam wohnt.

Guten Abend, schlafe nun,
Schließ deine Äugelein.
Sollst in deinem Bette ruhn
Im silbern Mondenschein.

Guten Abend, gute Nacht,
Ein Traum schwebt durch die Luft.
Schlafsand hat er mitgebracht,
Der deine Augen sucht.

Alle Tränen
Werden einmal vergehen.
Doch manchmal verbleibt ein See
Aus rotem Schnee.

Zweite Woche

7.
Rabenschlaf

Schlaf, mein kleiner Knabe,
Schlaf im Abendglanz.
Schau! Der alte Rabe,
Federbunt sein Schwanz.

Schau die gold'nen Sterne!
Lichtzerbroch'nes Gelb,
Sind wie Vogelschwärme
Einer andren Welt.

Schau den Abendhimmel!
Wolkenlos sein Aug'.
Schau den Wolkenschimmel
Aus Sternschnuppenstaub.

Schlaf, mein kleiner Knabe,
Schlaf im Abendglanz.
Bald schweigt jede Waage,
Ruht der Lebenstanz.

Der Apfel fällt nicht weit vom Stamm.
Doch mancher Stamm vergisst,
Dass er auch einmal gefallen ist.

8.
Aufforderung zum Schlaftanz

Schlaf, mein Himmelsbube,
Schlaf in sel'ger Ruh.
Leis dunkelt die Stube,
Deckt ein Traum dich zu.

Schlaf, mein Himmelsknabe,
Schweb durch's Himmelsland.
Eine gold'ne Gabe
Schmückt bald deine Hand.

Schlaf, mein Himmelsmädchen.
Flieg zu einem Stern.
Still nun jedes Rädchen,
Still nun jeder Lärm.

Schlaf, mein Himmelskindlein,
Schlaf im Himmelsbett.
Bald kommt das Mondwindlein,
Trägt zum Mond dich weg.

Zum Leben braucht man allerhand
Verstand
Und sehr, sehr viel
Gefühl.

9.
Sternfernes Ruh'n

Mein kleiner Knabe schlaf',
Es schläft die Sonne nun.
Die Dunkelheit eintraf,
Dass alle Welt soll ruh'n.

Mein kleiner Knabe träum',
Die Bäume werd'n zu Stein,
Doch Meere ewig schäum'n
Und Augen ewig wein'n.

Mein kleiner Knabe flieh'
In eine bess're Welt.
Streit, Not enden wohl nie
Auf diesem Erdenfeld.

Mein kleiner Knabe schlaf',
Ein Stern wartet auf dich.
Strahlen er auf dich warf,
Das gold'ne Himmelslicht.

Ein gutes Gewissen
Ist ein sanftes Ruhekissen.
Doch sei jeder auf der Hut,
Am vollkommensten wird auf dem Friedhof
geruht.

10.
Rabenruh

Schlaf, mein kleiner Knabe,
Ruh in deinem Bett.
Lass die leise Klage
Ruhen auf dem Weg.

Ruhe, du mein Knäblein,
Zähl die Sternenschar.
Abends wird der Mond wein'n,
Tränen ohne Zahl.

Träum, mein kleines Büblein
Von der gold'nen Zeit,
Dass sie dir dein Stüblein
Gold und silbern kleid'.

Schlaf, mein kleiner Knabe,
Spürst das Himmelslicht?
Sieh, ein Wolkenrabe
Hütet dir dein Licht.

Manche Fragen
Sind verleidete Klagen.

11.
Leben im Schlaf

Schlaf, mein Knabe, schlafe,
Leise rauscht der Mond.
Hütet seine Schafe,
Da die Nacht nun kommt.

Schweb, mein Knabe, schwebe,
Fliege wie ein Stern.
In dem Sterngewebe
Schweigt des Tages Lärm.

Sing, mein Knabe, singe,
Summ dich in den Schlaf,
Dass der Mond dir bringe
Träume, die er traf.

Küss, mein Knabe, Küsse,
Küss das Wolkenschaf,
Dass es dich behüte,
Träumt mit dir den Schlaf.

Mutprobe:
Ein Droge
Der Dummheit
Gegen das Langeweilekleid.

12.

Weggesungene Not

Nun schlaf, mein kleiner Knabe,
Und träume dich zum Mond.
Dort singt ein schwarzer Rabe,
Der bei dem Mondschaf wohnt.

Er singt von fernen Welten,
Von Blüten, nie geseh'n,
Wo gold'ne Bäche quellen
Aus blumumsäumten Seen.

Er singt von gold'nen Sternen,
Wo keine Not mehr ist,
Von nie geahnten Formen,
Wo jeder Schmerz erlischt.

Nun schlaf, mein kleiner Knabe,
Mild wird das Abendlicht,
Da alle Not und Plage
Im Mondenschein zerbricht.

Pocht der Specht
Zu Recht
In der Mittagspause
Auf ein ruhiges Zuhause?

Dritte Woche

13.
Goldener Schlaf

Nun schlaf, mein gold'ner Knabe,
Der Tag liegt auf der Waage,
Auf der die Nacht schon ruht.
Er wird jetzt schlafen gehen,
Die Sonne mit sich nehmen
Auf einem schwarzen Sternenboot.

Mein kleiner gold'ner Knabe,
Hörst du des Mondes Plage?
Die Glieder schmerzen ihn.
Er ist seit tausend Jahren
Durch den Himmel gefahren,
Die Mondin wollt' nicht mit ihm ziehn.

Schlaf nun, mein gold'ner Knabe,
Siehst du die Perlenfarbe,
Die jeden Tag bedeckt.
Sie glänzt wie weiße Flocken,
Wie deine schwarzen Locken,
Sie hat für dich den Tag versteckt.

Die Socken
Woh'n im Schuh.
Die Locken
Leben in Ruh'.
Es wäre doch unerhört,
Würden sie durch das Denken gestört.

14.
Schlafender Traum

Schlaf, mein kleiner Sonnenstern!
Nun schließt sich der Tageslärm,
Versinkt der Sonnenkreis.
Träum', mein kleiner Sonnenschein,
Nun lässt dich der Tag allein,
Geht auf ferne Reis'.

Ruhe, gold'ner Himmelsknab'!
Wach küsst dich der nächste Tag,
Wenn der Herr es will.
Schweb, mein kleiner Himmelsbär,
Alles, was noch laut und schwer,
Schweigt und wird nun still.

Schlaf, mein kleiner Sonnenstern!
Siehst du, wie der Mond von Fern
Seine Schäfchen bringt?
Träum, mein kleiner Himmelsbub',
Da die laute Welt nun ruht,
Leis im Schlaf versinkt.

Sich gut Beschuhen
Heißt: schlecht Ruhen.

15.
Erzählter gezählter Schlaf

Schlaf, mein kleiner Knabe,
Endlich ruht die Welt,
Da ein schwarzer Rabe
Die Nachtstunden zählt.

Schlaf, mein kleines Mädchen,
Alles Leben schweigt.
Jedes kleine Städtchen
Im Dunkeln verbleibt.

Schlaft, ihr müden Augen,
Geht endlich zur Ruh.
Sollt die Träume schauen,
Der Mond deckt euch zu.

Schlaft, meine Gedanken,
Müde wird die Welt.
Hinter dunklen Schranken
Schläft das Himmelszelt.

Können Finger
Immer
Von der Hand im Mund leben,
Ohne danach zu kleben.

16.
Der schwarze Schlaf

Schlaf, mein Himmelsknabe,
Ewig ruht die Nacht.
Dunkle schwarze Farbe
Hat sie dir gebracht.

Schlaf, mein kleines Vöglein,
Jedes Lied nun schweigt.
Sieh, der gold'ne Sonnschein
Schwarze Perlen weint.

Schlaf, mein Himmelsknabe,
Sieh das Himmelslicht.
Schau, ein schwarzer Rabe
Dir die Sterne pflückt.

Schlaf, mein süßes Herz'lein,
Ruh vom ew'gen Schlag.
Bald wird dir sehr still sein,
Ohne neuen Tag.

Der Advent
Kennt
Trotz der Nikolausstrümpf'
Keine Fünf.

17.
Gefärbter Schlaf

Nun schlaf, mein Himmelsknabe.
Mit seiner gold'nen Farbe
Beschützt der Mond dein'n Schlaf.
Ruh aus von Tages Mühen,
Der Mond wird mit dir fliegen
Hinauf zum bunten Mondenschaf.

Nun schlaf, mein Himmelsknabe.
Siehst du, ein schwarzer Rabe
Verdunkelt nun die Welt.
Er wird mit seinen Schwingen
Nur Dunkelheit dir bringen,
Verschleiern dir das Himmelszelt.

Nun schlaf, mein Himmelsknabe.
Endlich schweigt jede Klage,
Vergänglich wird die Not.
Schau: In dem Himmelsgarten,
Alle, die auf dich warten –
Dein Kommen in dem Himmelsboot.

Ließe sich Stein
Wie Wein
Trinken,
Würden unsere Städte spurlos verschwinden.

18.
Weltenschlaf

Schlaf wohl, mein Himmelsknabe,
Siehst du die Venusdame,
Sie glüht in tiefem Rot.
Siehst du den fernen Saturn,
Immer auf denselben Spur'n
Fährt er auf einem Ringelboot.

Hörst du das Sternekreisen?
Sie sing'n auf ihren Reisen
Vom End' des Himmelraums.
Von dort bringen sie Lieder
Auf deine Welt hernieder,
Nur mit den Nachtohren zu schau'n.

Schlaf wohl, mein Himmelsknabe,
Am End' der Sternenfahne
Schläft auch der alte Mond.
Er schaut auf dich hernieder,
Er weckt dich auf erst wieder,
Wenn seine Sonne bei ihm wohnt.

Muss es einen Pudel geben,
Um des Pudels Kern zu verstehen?

Vierte Woche

19.
Blumenträume

Schlafe, mein Knabe.
Des Tages Waage
Bedeckt sich mit der Welt.
Schließ deine Augen.
An langen Tauen
Erscheint das Sternenzelt.

Schlafe, mein Mädchen.
Des Tages Rädchen
Verstummt für lange Zeit.
Sanft komm'n die Träume
Auf Elfenbeine,
In einem weißen Kleid.

Ihr bunten Blumen
Sollt wiederkommen
Mit nächstem Morgengruß.
Für alle Kleinen
Werdet ihr scheinen,
Schmücken die Morgenluft.

Das Auto
Ist der Zoo.
Und der Mensch ist hier
Das von der Natur begaffte Käfigtier.

20.
Schlaf im Sternenhaus

Schlaf, mein Knab, nun schlafe ein,
Alle Welt ist müd',
Träum vom fernen Mondenschein,
Träum von seinem Lied.

Ruh, mein Knab, nun ruh dich aus,
Leis endet der Tag.
Siehst du schon das Sternenhaus?
Dir vom Mond gebracht.

Still, mein Knab, nun schließ die Aug',
Einsam wird die Nacht.
Über dir der Mond sich baut
Seine Sternenpracht.

Schlaf, mein Knab, nun schlafe ein,
Alles endet still.
Bald endet dein traurig' Wein'n,
Wie der Herr es will.

Es ist eben
Wie immer im Leben:
Erst muss man gucken
Und dann in die Hände spucken.

21.
Nächtliches Himmelasyl

Nun schlaf, mein kleiner Knabe,
Warm ist dein kleines Bett.
Jetzt kommt der Wolkenrabe,
Dass er dich sanft zudeckt.

Nun schlaf, mein kleiner Knabe,
Ruh von den Mühen aus.
Dass es dich heimwärts trage,
Erscheint der Mond mit Haus.

Im Himmel wirst du schlafen
Für eine kurze Nacht.
Nachdem die Träume sprachen,
Wirst du zur Erd' gebracht.

Nun schlaf, mein kleiner Knabe,
Kehrst morgen schon zurück
Vom kurzen Himmelstage
Zu deinem Erdenglück.

Wer wacht
Über die Nacht?
Eine dich liebende Macht!

22.
Bester Schutz in der Nacht

Nun schlaf, mein kleiner Sonnenschein,
Leise wird nun die Welt.
Die Sonne lässt dich kurz allein,
Legt sich ins Weizenfeld.

Fest schläft sie dort in dunkler Zeit
Bis jeder Stern verglüht.
Dann schlüpft sie in ihr Tageskleid,
Geweckt vom Vogellied.

Schau doch den Mond, ein alter Mann,
Die Milchstraße sein Bart;
Dass er sich drin verstecken kann,
Wenn der Morgen aufklart.

Nun schlaf, mein kleiner Sonnenschein,
Dir fall'n die Äuglein zu.
Selbst im Schlaf bist du nie allein.
Gott hütet deine Ruh.

Ein Spielzeug
Erfreut
Den Spender
Und Empfänger.

23.

Goldene Schlaftruhe

Nun schlaft, ihr kleinen Spatzen,
Der Mond hütet die Welt.
Auf eure Strohmatratzen
Nun Traum auf Traum leis' fällt.

Nun schlaft, ihr kleinen Burschen
Nur Sterne ruh'n jetzt nicht.
Der Mond füllt seine Furchen
Mit ihrem gold'nen Licht.

Nun schlaft, ihr kleinen Buben
Der Mond rollt durch die Nacht.
Aus gold'nen Himmelstruhen
Hat er Träume gebracht.

Nun schlaft, ihr kleinen Herzen,
Leise schließt sich der Tag.
Die gold'nen Sternenkerzen
Umsäumen euren Pfad.

Wir gehen,
Ohne zu verstehen
Aus welchem Sinn
Und wohin.

24.
Nachtvogel

Nun schlaf, mein kleiner Knabe,
Der Vogel singt ein Lied.
Der Schlaf ist nur Gehabe,
Dass er die Nacht besiegt.

Nun schlaf, mein kleiner Knabe,
Der Vogel sitzt im Baum.
Die Nacht ist schwarze Farbe,
Er singt sich seinen Traum.

Nun schlaf, mein kleiner Knabe,
Der Vogel ruht am Bach.
Der Schlaf nimmt all dein Habe,
Dort schattet ihn die Nacht.

Nun schlaf, mein kleiner Knabe,
Der Vogel fliegt empor.
Der Schlaf verschlingt die Klage
Am gold'nen Himmelstor.

Ein Hemd
Denkt,
Es braucht keine Knöpfe
Und wurde so zur Weste.

Endspurt

25.
Spielschlaf

Nun schlaft, ihr kleinen Knaben.
Das Leben ist ein Spiel,
Wo Bäume Kronen tragen,
Der Himmel ist ihr Ziel.

Nun schlaft, ihr kleinen Knaben
Das Leben ist ein Spiel,
Wo Schatten Stunden jagen,
Ein Traum ins Astloch fiel.

Nun schlaft, ihr kleinen Knaben
Das Leben ist ein Spiel.
Ein Sternenkutschenwagen
Dich heimwärts ziehen will.

Nun schlaft, ihr kleinen Knaben
Das Leben wird zum Traum.
Kein Leid wird dir noch schaden
Am gold'nen Himmelsbaum.

Ein Portemonnaie
Schwimmt im Geldsee,
Doch wer
Schwimmt dann im (Geld-)Meer?
Bei Inflationsflut
Die ungebändigte Wut.

26.
Schlafmärchen

Nun schlaft, ihr kleinen Knaben,
Der Mond umarmt euch nun.
Er schickt den Träumewagen,
Kann in der Nacht nicht ruh'n.

Er schickt die fremden Meere,
Das ferne Ritterland,
Die hohen Burgenwehre,
Den bunten Meeresstrand.

Er schickt die Abendsterne,
Sternschnuppen ohne Zahl.
Die milde Abendwärme,
Das süße Frühstücksmahl.

Nun schlaft, ihr kleinen Knaben,
Die Zeit schläft für euch ein,
Dass Sterne euch nun tragen
Im gold'nen Himmelsschein.

Nicht jeder Fisch
Gehört auf den Tisch.
Wollen wir mehr,
Bleibt bald alles leer.

27.
Traumschwebende Knaben

Nun schlaft, ihr kleinen Knaben,
Die Nacht wird euch nicht schaden,
Da euch der Mond bewacht.
Er spannt am Himmel oben
Den warmen Silberbogen,
Dass morgen früh die Sonne lacht.

Nun schlaft, ihr kleinen Knaben,
Der traute Himmelswagen
Zieht durch das Himmelszelt.
Er herbergt euch die Träume,
Dass euer Herz nicht weine,
Wenn Dunkelheit den Tag befällt.

Nun schlaft, ihr kleinen Knaben,
Ruh wird euch widerfahren,
Selbst wenn euch jeder schmäht.
Seit urewigen Zeiten
Der Mond an euren Seiten,
Dass sich kein Schatten auf euch legt.

Das Weinen
Erweicht die Herzen aus Steinen.
Sollte man meinen.

Inhaltsverzeichnis

Biografie

Ich wurde in Berlin geboren. Nach dem Abitur in Berlin habe ich Medizin in Berlin und München studiert und war nach meinem Studium ca. 40 Jahre in der Medizin tätig. Seit Ende 2023 bin ich berentet. Während meiner Berufstätigkeit habe ich nebenher eine Reihe von Manuskripten verfasst, ein Jugendbuch, Kinderbücher, Romane und Gedichte.
Einige sind seitdem über einen Self-publishing-Verlag veröffentlicht worden.

Neben einer Reihe anderer Veröffentlichungen hat der Autor auch folgende Gedicht- und Prosabände veröffentlicht:

Uhlenspiegel bei den Schildbürgern
Uhle 1, Uhle 2, Uhle 3

Der Einzelkämpfer Uhlenspiegel, mit der Armee seiner schalkhaften Gedanken bewaffnet, trifft auf ein Dorf voller Schildbürger, die eher weniger oder sagen wir eher mit anderen Gedanken bewaffnet sind.
(Band 1 - 3)

Die Christyllische Weihnacht – Weihnachten wie immer (und) anders

27 Kurzgeschichten mit je einem Bild, zu jedem Tag vom 1.-26. sowie 31. Dezember; sehr abwechslungsreiche Geschichten von Weihnachten im Kaufhaus, bei den Schildbürgern, in einem neuen Märchen, als Science-Fiction und Weihnachtsgeschichten zur Zeit der Geburt Jesu. So abwechslungsreich, dass für jeden und jedes Alter etwas dabei ist (auch in Englisch erhältlich.

Schwarzbart's kandidelte Adventsgeschichten

Der alte Seekapitän erzählt fantastische Adventsgeschichten voller Fantasie, bereichert durch weihnachtliche Gedichte. Zu lesen wie ein Adventskalender.

Ein denkwürdiger Adventskalender

Das schönste am Fest war der Adventskalender. Jedes Jahr freute er sich auf diese verkleidete, geheimnisvolle süße Gabe. Draußen die bunten Bilder, die versteckten Türchen, Zahlen, die zwischen Engeln, Krippen und Weihnachtsmännern umherschwirrten. So war es jedes Jahr, aber dann stimmt irgendetwas nicht. Dies erzählt die Geschichte um einen ganz besonderen Adventskalender voller Überraschung.

Die Insel der Figuren

Ein kleines Mädchen in Japan bekommt zum Geburtstag von ihrem Vater eine Puppe geschenkt. Als das Mädchen älter ist, wird die Puppe in einem kleinen Boot auf die Wellen des Meeres gesetzt. Offensichtlich eine Tradition ins Erwachsenenalter.

Einige Zeit später reist ein anderes Mädchen ihrer verschwundenen Puppe hinterher, eine spannende abenteuerliche Reise mit einem ungewöhnlichen überraschenden Ende beginnt. (Fantasieroman)

Der kleine Mugu auf dem Noddelthron

Ein Jungen lebt in dem Land eines Königs. Eines Tages kommt ein Prahlhans in dieses Land. Er besitzt die Fähigkeit, die Gedanken anderer Menschen mit seinen wilden Haaren einzufangen. Der König wollte diese Fähigkeit erlernen und folgte dem Prahlhans. Ausgerechnet der kleine Junge Mugu gewann die Nachfolge des Königs und regierte das Land, in dem er viele Dinge auf den Kopf stellte. (Märchenroman)

Max abenteuerliche Reise zum Ich –
eine kurze weite Reise

Jugendroman, 112 Seiten, Max lebt in schwierigen sozialen Umständen, weder darüber, noch über den Grund wird in der Familie gesprochen. Langsam kommt Max selbst hinter das „Geheimnis" und lernt, sich trotzdem zur Familie zu bekennen. Auch als Schulbuch geeignet.

Manu's Reise mit dem Tod –
eine Fuge durch die Zeit

Roman, 256 Seiten, verschiedene Lebenslinien aus dem Leben einer Frau, fugenartig verwoben, Ereignisse des Todes in ihrem Leben und ein weiterer Handlungsstrang über verschiedene Rituale zur Zeit des Todes in verschiedenen Kulturen (auch in Englisch erhältlich „Manu's Journey with Death").

GeGlichenes

Die folgende Sammlung in 4 Bänden enthält etwas über 60 Kurzgeschichten, jede Kurzgeschichte baut auf einer aus dem Neuen Testament stammenden Bibelstelle gleichnishaft auf und ist auf unsere Zeit übertragen. Zwischen den Geschichten findet sich jeweils ein Aphorismus oder ein Gedicht.

Das Moooondschaaaaf
(monatlich durch das Jahr)

Für jeden Tag eines Monats ein Gedicht aus Sicht eines auf dem Mond lebenden Schafs, das humorvoll, kritisch, skeptisch und wiedererkennend unsere Erde beäugt; zwischen jedem Gedicht ein Aphorismus; mit passenden lustigen Bildern aus Kinderhand; auch als Geburtstagsgeschenk für den passenden Geburtstagsmonat geeignet.

Ostern- Gedichte zur Osterzeit

43 Gedichte mit christlichen Inhalten von Gründonnerstag bis zur Auferstehung Jesu, durchsetzt mit gedankenvollen Aphorismen.

Der erdenkliche Mensch - Das Du im Ich

55 Gedichte, dazwischen Aphorismen, die sich nachdenklich und kritisch mit liebgewonnenen menschlichen Verhalten auseinandersetzen.

Ein KESSEL Bunte GeDichte

Ein Kessel bunter Gedichte, unterbrochen von kurzen Aphorismen – eben wie in einem großen bunten Kessel, wenn es heißt: tüchtig rühren, Kelle rein, sich überraschen (pardon inspirieren) lassen, was auf den Teller kommt.

Tortellintauben - TierGdichte für Rwachsene

61 Tiergedichte als Spiegelbild menschlichen Verhaltens, wunderschön von Kinderhand illustriert.

Hinter dunklen Himmelswolken
Gedichte in Zeiten der Trauer

74 Gedichte über Tod, Sterben, Hoffnung, Zuversicht, das Danach.

Aventsschilda
Die EULENde SPIEGEL-Weihnacht

Weihnachtsgeschichten mit und ohne Eulenspiegel in Schilda, bereichert durch weihnachtliche Gedichte. Zu lesen wie ein Adventskalender.

Ach Herbst, reiß nun die Scheunen auf!
Ge(h)dichte im Herbst

Herbst, eine Mischung aus Bunt, Sonne, Sternen, Dunkelheit, Nässe, warmer Stube, reifen Früchten, Abschied, Trauer und Leben, das sich von außen nach innen kehrt, um neue Kraft zu tanken.